바람개비

바람개비

한문석 시집

문학의전당

서시

이름 없는 꽃

이름 하나 지어보려고 잠을 놓친 새벽
별빛 같은 고요를 안고
휘어진 산길을 간다
물소리 돌돌 내리는 도랑 따라
내 몸 슬쩍 훔쳐보고 가늘게 떨었을 꽃 한 송이의
미소가 더 푸르게 얼비친다
어쩌다 한번 스치고 간 인연인데
네가 아프면 내가 쓰리고
내 빛이 고우면 너도 흐드러지는
이름 없는 꽃 그림자
새벽을 통째로 흔든다

차례

1부

2부

3부

4부

1부

솟대

날개를 펴고 푸드덕 날고 싶은 소망
장대 끝에서 물소리를 내고 바람소리가 된다
막 백일 지난 갓난애에게 젖을 물리다 말고
사립문을 뛰쳐나온 갓 스물 새댁
다시는 아프지 않으리라 다짐했던 기억의
가슴 한쪽이 또 우지끈 무너진다
찢기고 부러진 무수한 삭정이들의 잔해를 위해
마을을 한 바퀴 빙 돈다
눈 들어 멀리 산을 넘고 들을 달린다
그날의 모갑某甲이 패들이 이곳을 지나고
달빛이 울음을 쏟아낼 때면
더욱 낮아지던 날개의 겸손한 자세
삶의 질곡에 따라 밝아지고 어두워지는
수만 개의 빛을 뿌린다
새로운 세계로 나가고 싶은 간절함이 피워낸
수만 개의 소리를 듣는다
소리와 빛은 언제나 마음 안에 있는 것이려니
굳게 다문 입술이 필사적이다

음성사서함

이상도 해라 어디서 많이 본 듯한 목소리

그래 나 떠나고 싶어
그렇게 어디든 찾아들고 싶어

나머지 인생 전부를 다 바치고 싶은

수천의 물고기 떼 알을 품고
식탁에 뛰어오르고

삶을 위해 죄짓는 또 다른 삶이 되지 않도록
밤마다 잠자리에 기어들고

세상 희비의 곡선들이 다 숨어 있는

내 작은 비밀의 방

목욕탕에서

깜빡 잠이 들었는지
꿈을 꾸는 동안 부식이 진행되었는지
손발 마디마디가 저리다
느낌도 생각도 없이 식어버린 물이
금방 딱딱해진다
마른수건으로 몇 번 더 문지르는 동안
누가 창을 두드리는 소리
오랜 가뭄 끝에 비가 내린다
떠난 그녀가 좋아하던 봄비가
몸을 흔들면서 다가온다
머리끄덩이를 잡아끌면서
길게 신음하면서 내게로 온다
이상해라 갑자기 온몸에 힘이 솟구치고
눈 감으면 무지개가 뜬다
내 몸에 꽃이 핀 걸 미처 몰랐다

봄이 무너진다

떨어지는 꽃잎 몇 조각을 거둬들이는 순간
불현듯 녹슨 지퍼를 열고 튀어 오른 파편들
꽃술을 밀어내고 바르르 전율하는 바람의
늑골 사이에서 비 오듯 쏟아진다
차마 일상의 삶이 되지 못한 절망의 뼈
난해한 기억들이 울음을 재촉하고
허공이 녹슬면 꽃은 더 붉게 피는가
못물에서 잠깐 즐기던 사랑의 수포
꽃물 되어 허공을 지나간다
늑골 마디마디에 곱게 살점이 묻어나
붉은 뼈들은 한 번 더 녹슬고
가슴 핀 꽃이 스스로 옷을 벗는다
보라 범람하는 햇살에 이끌려
새로 치장한 몸속을 마구 들쑤신다
가지마다 연둣빛 혀가 무너지고
놀라워라 무너지는 것들에 의해 폭발하는 봄을
지탱할 수 있는 힘은 세상 어디에도 없다

누에

저것 봐라 희미한 어둠을 움직이고 있는
작은 목숨들의 놀라운 힘
가슴이 숨차 커졌다 줄어든다
누가 내 안에 푸른 신전을 짓고
비단침대 위에 새살림을 차렸느냐
살랑살랑 머리를 흔들며 걸어 나가는 발
젖은 발의 그 뜨거운 울림을 보았느냐
새벽이 눈뜰 때까지 떠도는 바람
타다 남은 내 늑골 사이에 핀
송이송이 흩날리는 바람꽃을 보았느냐
온몸에 매달려있는 애착과 욕망의
부푼 때 한 꺼풀을 벗는다
가장 낮은 곳에 순하게 스며들어
강한 뿌리의 힘으로 살아가는 것이려니
내 숨결 온전히 받아줄 수 있는
저것들 착한 몸으로 돌아가는 것이려니
사각사각 베어 먹은 잎들의 초록 비명
눈먼 내 귀가 소란스럽다

허리가 구부러진 배롱나무

눈먼 화공이 밤새워 그려놓은 수채화 한 폭
가슴 탁 트이는 호숫가 어디쯤
조용히 살고 싶은 영혼의 꽃잎이다
처음 만난 숲 속 외진 산책길에서
어쩌다가 살짝 옷깃을 스친 것도 같은데
지나간 발자국에도 향기가 묻어나는 것일까
어둠의 빛이 구부러진 허리를 감싸고
치마폭을 들추어 달을 꺼내놓는다
굽이굽이 휘어지며 무너지는 강물
배란기를 놓친 물고기들의 반란이 시작되고
늑골을 파고드는 아가미의 비명소리
꽃잎 자궁이 온통 새벽을 앓는다
터진 단추 구멍을 애써 숨기지 마라
태어나면서 이미 누군가에 압류당한 몸이다
떠나간 사람들의 사연을 가슴에 품은 채
울음을 재촉하고 있는 빨간 우체통
어디론가 또 다른 사람을 찾아나서야 하나
꽃 진 자리에 옮겨 다니는 새소리 슬프고
몸 빠져나가는 물소리가 아프다
강물이 천천히 색소폰 소리를 타고 흐른다

누군가에게 사랑을

길가에 핀 꽃 한 송이에게 사랑을 주라
꽃잎을 품고 있는 나비의 시린 날개에게
사랑을 주라
거칠고 마른 한 줌의 흙에서
순정의 꽃을 피울 수 있었던 까닭은
누군가의 사랑을 받았기 때문이다
사랑을 받는 순간
그의 품속에 들어가 하늘에 닿았기 때문이다
우리의 가슴속에는 저들의 빛깔이 있다
박동치는 네 심장의 빛깔이 결국은
저들의 삶에서 배워온 것이다
잠시 사랑을 접었던 지난 세월을 보라
어둠이었다 저들의 빛깔이 없는
불안하고 삭막한 어둠의 세상이었다
이름 없는 꽃 한 송이에게 사랑을 주라
나비의 찢긴 날개
저들의 모든 눈동자에게 사랑을 주라
우리는 누군가의 사랑을 받아야
비로소 이 세상에 닿는다

대청호에서

몸 뒤척일 때마다 드러나는 피부의
어둠 속을
부딪치며 부서지는 아우성

어린애처럼 칭얼대기를 좋아하는 아내의
보이지 않는 속내가 끝내 눈시울을 적시고

착한 마음에서만 사는 거룩한 상처는
어떻게 사나운 물살을 헤엄쳐 나갈지
날개가 없는 내 몸은 어떻게 하늘을 날고
추운 저 허공을 건너가게 될지

서러운 것은 마음 착해서가 아니다
제 안에 자라있는 꿈 모두 쓸어내리고
오직 살기 위해 목을 푼 바람
바람의 골 패인 아픔 때문이 아니다

한 생을 부대끼며 살아온 세월
삭히고 또 삭혀도 가슴응어리로 남은 세월의
송두리째 내던지고 싶은 슬픔 때문도 아니다

상처의 맨 안쪽을 걸어온 사람은 안다

부서지고 깨진 것들을 안아 세우는 일
버릇처럼 고요히 눈물 안쪽에 들어앉히는 일은
오롯이 자신의 몫이다

맨 처음 아내를 낚아챈 그는 도대체 누구인가

발이 푸른 새 떼들
수심 깊이에 물그림자로 박혀
딴전을 피우고 있다

만두

쟁반 위에 놓인 희디흰 밀가루 반죽
부풀기를 좋아하는 별난 성질 때문이다
불길 타 뜨겁게 솟구칠수록
너의 젊음은 속살부터 익는다
너무 투명해 자세히 들여다볼 수 없으나
흐르는 빛이 어제의 빛이 아니다
네 목소리의 작은 파장에 흔들려
거리는 비틀거린다
입가를 넘치는 웃음의 그 찰랑거림에 빠져
빠져들어 나는 황홀하다
네 몸에서 나오는 소리는 악기처럼 즐겁다
터져 깊게 풍기는 소의 상큼한 맛은
밤하늘 가득 비명의 꽃을 피워내지만
아직은 온전히 내 것이 아니다
내 것이 아닌 것을 원하고 생각하는 것은 죄악이다
보라 어느새 혼절하는 피의 열꽃
창 너머로 어둠이 시퍼런 칼날을 세우고
여자의 몸에 까만 젖꼭지로 달라붙는다
가슴 무딘 이 쇠사슬을 풀어달라고
아흐 더러둥셩 더러둥셩

능금

얼마만큼의 아픔을 견뎌냈을까
피부가 가을빛보다 붉다
안으로 가득 채워진 단물은
여름내 고인 눈물이다
세상에 단 한 번도 내보이지 않고 익은
수줍은 속살이다
햇살 찬연하게 부푼 가지에서
누군가를 읽고 있는 소리
맑고 깊은 소리

물수제비

건너다 점점이 사라지는 꿈일지라도

침묵 속에 오히려 자신을 삼켜버릴

푸른 수심을 딛고 떠오를 수밖에 없다

즐거운 마음으로 어울려 흘러가는 물소리

온몸으로 맞이할 수밖에 없다

안으로 부딪치며 깨지는 동그라미

고요의 파문을 배우기 위해서는

옆구리 저미고 후비는 아픔을 참고

한 뼘이라도 더 멀리 나갈 수밖에 없다

노을이 더 붉다

진달래가 피고 자목련이 핀다
하루에도 수많은 꽃들이 새로 핀다

온 세상을 활짝 펼쳐놓은 넉넉한 가슴의 저녁놀

이제야 알 것 같다
노을이 꽃보다 더 붉어야 하는 까닭을

저 노을 오늘은 내가 가져간다

인연

지난 가을 심어놓은 감나무 가지 끝에서
내 몸뚱이가 떨고 있다
겨우내 추위에 시달리면서 역류한
수액들의 끈끈한 외침
한 점의 살
한 방울의 피까지 떨고 있다
스치는 옷깃 하나로도 환하게 부시던 날의
소중히 간직해온 인연
나 자신을 어찌할 줄 몰라
환장하도록 젖은 새벽을 껴안고
젊음을 애무한 적이 있다
진저리치는 초록 이파리들
피 선연한 하늘을 닮아
숨소리조차 물소리를 낸다
눈이 푸른 휘파람새
바람을 물어다 둥지를 틀고
세 들어 살면서 내 몸의 주인이 된다
가장 뜨겁게 사랑했던 순간의 기억
찢긴 바지 속에서 맑게 삐걱거리는
매트리스의 그 탄력을 맛본 적이 있다

문득 굴렁쇠 소리가 바람을 몰고 다닌다
햇살이 바람을 타고 둥글게 돌아다니고
누가 내 몸속을 저벅저벅 걸어 다닌다
아무런 저항도 없이
착한 여인이 영혼을 팔았다고

2부

낮달

눈 없이는 살아도 눈물 없이는 살 수 없는 세상
눈물을 꽃잎처럼 매달고 사신 어머니의
빛나는 상처에서 피어올린 꽃이다

바싹 마른입 가득 고인 제 살을 빛으로 흘리듯
새벽이 오기 전에
깜깜하게 몸을 비워야 했던 아내

고독을 좋아하고 그리움이 많아 시를 쓰면서
몸 트는 나뭇가지 위에서 잠시 쉬다가
아침햇살에 찔린 잔설 한 토막
몇 개의 뼈가 벌떡 일어나 앉는다

새소리 바람결로 높아진 하늘 떠돌면서
사라진 기억 속에 사라지지 않은 비명을 숨긴 채
가슴 푹 찢겨 속살조차 푸르다

절터

천둥소리 무너져 내린 우물가
하늘이 큰 두레박을 내리고
새벽이면 별들이 쏟아진다

나란히 누워있던 자작나무숲 그늘에선
목어들이 떼 지어 헤엄쳐 다니고

바람이 할퀴고 간 생채기
첫 울음이 자꾸만 가슴을 후벼 파
견디지 못한 야생화가 꽃망울을 터뜨린다

마구 들쑤시며 다니지 못해 안달한
별들의 뜨거운 발들이
두레박 속을 우르르 뛰어나오고

어쩌다 여백이 되어버린 저 하늘
지나는 새들이 목탁 치듯
툭툭 불립문자를 찍는다

감자

색깔이 희끗한 몸에 칼을 댄다

순간 깊은 안쪽에서 민감하게 밀어닥치는 열꽃
꽃잎을 디딘 발이 몹시 뜨겁다

세상에 살아있는 모든 것들의 몸속은
누구나 뜨겁게 녹아있는 것일까
삶이 이처럼 뜨거운 그 무엇이었다는 것일까
이처럼 뜨겁게 진저리치며 살아야 한다는 것일까

쫓겨 내몰린 것들을 껴안고 울어본 이는 알 것이다
떨어져 나간 자리에 아물지 못하는 상처
머리도 가슴도 녹아내린 투명한 눈물자위를

목숨 바쳐서 피워낸 사랑이라니
빛나는 생명이라니

이방인

내 정수리를 뿌리째 밀어올린 푸른 꽃대

후박나무 잎이 달리는 새벽을 안고
입맛을 다시고 있다

눈 감고 살을 섞는 동안
몇 장의 그림엽서가 새롭게 그려지고
누구에게나 함부로 꺼내 보일 수 없는
끈끈한 흔적들이 살아 움직이고 있음을 안다

이윽고 내 심장을 걸어 나오는 그의 발소리가 들린다

한번 왔다가 한번 갈 줄도 아는 착한 이 분명하다

나그네

어느 나라에서 살다온 여인인가

실오라기 하나 걸치지 못한 알몸이 시시각각 맛있는 과즙을 만들어 몸피 밖으로 밀어내고 이미 그의 노래가 된 가슴은 쪽문을 나와 마당이 출렁이도록 눈 마중을 한다 하늘을 향하는 천 갈래 만 갈래의 눈빛은 모두 제 것이 아니었음을 안다 누군가의 둔기를 맞아 함몰된 자국이 깊게 선명하다 푸른 심지를 박고 밤의 활주로를 따라 지구를 돌고 돌아온 숨결을 보라 눈물 한 방울 찍어놓고 그 눈물이 걸어온 길의 봇물을 터트려 그가 사는 세상을 밝게 물질하고 있다 도랑물에 누워 몸을 씻는 새벽 자갈들 몸속 빛나게 하는 그 무엇이 참 놀랍다

벗어놓은 치맛자락이 자꾸만 욱신거린다

찔레꽃 붉게 피는

꽃잎에 얹힌 이슬방울을 깨고 넘치는
빛의 숨소리

서둘러 내준 내 몸은
그 숨결의 무게로도 짓눌리는 몸이다

강바람을 먹고 자란 성난 가시
푸른 생명의 꽃수레를 끌고 와
내 몸속을 비 오듯 들쑤신다

상처투성이의 삶이 사랑이라면
그 상처의 맨 안쪽을 깨무는
어디서 누가 이토록 간절한 노래를 불러
난데없이 내 몸이 이런 몸살을 앓을까

내 몸은 이미 생기가 넘쳐
넘쳐난 비명이 곤두선 젖꼭지를 뚝뚝 분지른다

울먹여 부풀어 오른 가슴
붉게 피는

맨발

쏟아지는 빗줄기 속으로 강바닥의
숨겨둔 물빛이 드러난다
바가지 채로 벌컥벌컥 퍼마시고 있는 여자는
맨발이다
무엇 하나 조용히 비켜간 적이 있고
목말라 갈증을 느끼는 나에게
언제든 무엇 하나 남겨놓은 적이 있는가
난데없이 가슴을 온통 풀어헤치고
밤의 그 지독한 꽃 멀미가 펑펑 쏟아진다
나를 위해 웃음 한번 보낸 적이 있고
위로의 말 한 마디 건넨 적이 있는가
내 안에 살면서 나를 용서한 적이 있는가
너무 거룩해서 눈물이 난다
비 그치면 강가 어딘가에서
또 다른 내가 기다리고 있음을 안다
뜨거운 맨발

네 엄마가 흘리는 눈물은

단단하게 쟁여져 있던 속심 다 빠지고
그나마 헐렁하게 남아 있는 것은
젖은 눈물로 만들어낸 찌그러진 젖꼭지다
하늘의 빛을 받아먹고 소리를 키운
한 열 번은 더 허리끈을 조르고 몸을 비틀어
들국화 옆에서 덮고 자던 시린 치맛자락
너머 나와 여울져 함께 흘러가는
착한 마음이 고여 있는 눈물주머니다
젊은 날 너를 위해 미리 마셔 두었던
계룡산 장군봉 골짜기의 맑은 샘물
어떤 물약보다도 심장 깊숙이 파고드는
무릎을 능선 삼아 돌고 도는 꿈 많은 우주의
거대한 혈관이다
한겨울에 피는 꽃은 눈물이 없다
젖꼭지처럼 얼고 시들어 흙빛이 된 이파리
그 속에서 새 생명을 꽃피우는 씀바귀를 보라
소중한 눈물은 안으로 끌어안고 뒹굴어야 한다는
생각이 법칙보다 더 고집스러운 네 엄마
한 마리 새가 허공의 목청을 떨며 비켜가고
함박눈 유난히 펄펄 날리는 오늘은

묵묵히 서있는 나무기둥에 너를 비틀어 매놓고는
그리고는 냅다 어디론가 줄행랑칠 것만 같아
자꾸만 불안하다

수목장

이승에서 보내는 마지막 밤이다
마디마디 묶어 조이는 생존의 끈

길게 뻗친 전선이 가슴께를 칭칭 감아 내리고
안테나가 피부의 까만 숨구멍을 들쑤신다

구부러진 고샅길을 돌고 돌아
나팔꽃 핀 울타리에 내걸린
하얀 속적삼

몸속에 연결되지 않는 꽃 대궁 때문에
그 꽃잎이 자라 이룬 그늘에 갇힌 적이 있다

이제 남은 것은 불길에 몸을 섞는 일
타오르는 피의 뜨거운 수혈을 받아
몇 조각 뼈로 태어나는 일이다

높다란 가지마다 새싹 틔우고
세월의 나이테 속 고요히 머무는
서늘한 말씀에 귀 기울이면 된다

지상에서 가장 멋진 문패를 달고
끝없이 흘러나오는 음자리표

밥 먹으라고 부르는 어머니의 목소리가
울타리 너머로 쟁쟁하다

눈 내리는 대평리

이상도 해라 갑자기 몸이 거꾸로 솟구치며
앙상한 뼈들이 불끈 두 주먹을 쥔다
굳게 다문 입술이 꿈틀 신음하고
갈 곳을 잃은 철새들은 앞을 다투어
갈대의 시린 발목을 잡는다
강물 깊숙이 하늘이 내려앉고
넘실거리는 저 시퍼런 혓바닥
몰래 훔치던 주막집 아낙네의 그 눈먼 속살이
뜨거운 피로 역류한다
착하고 정직하게 살아가는 사람들
도도히 넘쳐 난무하는 폭설 때문일까
자식 버리고 부모 잃고
저무는 강가에 꿇어앉아
뼈를 태워 천륜을 접는 통증이여
찢겨져 너덜거리는 눈발 사이로
부끄러운 맨살이 드러난다
거대한 짐승 떼의 이동이 시작되고
허공을 부서져 내리는 하얀 분말가루
독을 마신 나비처럼 풀풀 날고 있다

영산홍

두근거리는 새벽
무슨 말 못할 사연이라도 숨겨온 것인지
바람 소란한 허공에서 폭발하는
붉은 입술

잠시 미끄러운 물속의 꿈을 꾸는 동안
난해한 언어와 몇 개의 아픔을 내뱉으며
순순히 나를 통과한다

아, 어쩌면 좋아

꽃잎들의 숨 막히는 반란이 시작되고
도저히 근접할 수 없는 영역
하늘의 뿌리까지 활활 불타고 있다

재로 남은 가슴뼈들이 쑥쑥 올라오고
눈동자를 반짝거리며
벌어진 턱 아래로 마구 넘쳐 터져 나오는
젊은 아내의 저 벌거벗은 목숨

벚꽃

가슴언저리를 향해 달려드는 달빛
맞이하는 눈빛이 유순하고
마음 한껏 부푼다
왁자지껄 만발한 그 몸속에
뜨거운 발 디디면
파들파들 허공을 떠는 꽃잎들
수줍음도 모르는 폭발적인 벌 떼다
숨소리 점점 익어 올라
보드라운 속살 사정없이 적신다
급물살 타고 깊게 소용돌이친다
너무나 익숙한 몸짓들
착한 것들이 기꺼이 혼절한다

앞내에 내려 목욕하는 별들
첨벙첨벙 물장구치는 소리 요란하다

나팔꽃 피는 사연

어둠이 퍼지면서 몸을 둥글게 만들고
만들어지는 순간 꽃잎에는 소리가 맺힌다

어둠은 자신이 만들어낸 잎과 뿌리에도
그렇게 스며들어 온갖 소리를 맺게 하고
소리들은 보이지 않는 생명체 모두에게
골고루 빛을 나누어준다

어둠과 빛이 함께 연주하는 소리들의 화음

가슴 무거운 날은 넥타이를 푼다

보라 울타리에 떠오른 아침 해의 부신 떨림을
계절 내내 보랏빛 향기 은은하다

3부

봉숭아

쏟아진 별들이 성긴 잎사귀 끝에 매달려
저마다 반짝 몸을 씻는다

곧은 줄기는 어쩌자고 자꾸 울먹거리고
속적삼 적시며 감전시키는 전류

손톱 부푼 생채기가 가슴살 쟁쟁 울리고
쉴 새 없이 입술을 달싹거리는 공기방울
심장에 출렁출렁 물살을 일으킨다

사랑은 결코 혼자서는 싹트지 못한다
보라 마디마디 흐드러진 향기 속
서로를 부둥켜안고 뒹구는 저 착한 몸들을

새벽하늘이 붉다

상쇠

달을 건지기 위해 두레박을 타고
우물 속을 다녀온 사내

처마 끝에 별 같은 등불이 켜지면
절로 흥겨워 덩실 어깨춤을 춘다

조금이라도 남에게 지면 못사는 성미라서
빠른 장단에 맞춰 앞뒤로 흔들다 보면
머리에 꽂힌 부포가 하얀 꽃으로 벌어지고
마당가 무성한 들꽃들이 열기를 헤아린다

수천 년 시간을 날아온 이름 모를 새들
날개 접는 소리
젖은 눈망울이 오히려 부드럽다

바닥난 등잔에 기름을 치고 방문을 나선 여자
신들린 몸이라며 세상 제일 맑은 우물의
발원지가 되고 싶은 여자
모두가 모여 한바탕 신명나게 어울린다

어쩌다 마음씨 착한 여자와
눈이라도 마주하면
겁 없이 겅중겅중 뛰는 순진한 사내다

무대에 서면 서열도 나이도 없다

보라 떡 벌어진 어깨를 넘나드는 달빛
멋지게 흔들어대는 장엄한 율동을

그날 밤 달이 빠진 그 자리에 움푹,
분화구 하나 생겼다
폭풍처럼 고요가 넘치는

새들이 성호를 긋는다

여인이 가을 물처럼 울었다

울음으로 자신의 속내를 건넬 수 있다는 사실은
마음 건강하다는 증거다

숲을 깨고 날아오르는 새 떼들의 울음소리
크고 둥글게 하늘자락을 휘감으며
울음으로 제 깃털을 가다듬은
저들의 몸이 아름답다

가장 높푸른 날개를 가슴마다 달고
가난한 땅 구석구석을 적셔주는
저들의 눈물이 참 아름답다

작은 부리 속에 숨긴 선혈의 혀를 깨물어
평생을 퍼내도 남을 일용할 양식을 주옵시고

그제야 나도 깊숙이 울었다

붉은 장미

부풀어 터질 듯 핀 몸이다
가혹하게 다스리는 열기
가슴 고스란히 내놓는다
잘 익은 살집
이글거리는 정염의 혀를 내밀고
타오르는 열정이 숨차다
성급히 다가와 몸을 떨면서
온 천지를 치대는 여인
밤의 익살을 보여주고 있다
출렁이는 젖을 드러낸 채

아내 눈물은 1

새벽마다 즐거운 폭죽이 터지고
가슴속 고이는 눈물은
고요가 깊어 다 채울 수 없다

풀잎 위를 구르는 이슬을 보라
작은 공기방울로 허공을 떠돌면서 부딪쳐
깨지고 금간 상처에서 솟아난 눈물방울이다

사랑하기에 그 불후의 약속을 지키기 위해
서둘러 스스럼없이 벗어던진
처음의 속옷처럼
태어나면서 이미 소멸하기 시작한 생명의
근원적 고독이다

고독이 소멸하는 순간이 이토록 아름답다

늘상 빗나가는 생각의 아둔한 감각 때문일까
바이러스에 감염된 내가 열병을 앓는다

아내 눈물은 2

낙엽 뒹구는 거리를 나서보라
발 아래로 강물이 흐를 것이다

기러기 울고 간 하늘
눈물의 행간이 더 넓어지고

지상에서 버림받은 멧새 한 마리
소나무 잔가지를 흔들어
쌓이는 낙엽들의 세례는 눈물이다

그리움으로 여울지는 강바닥
내일을 산란하는 은어 떼 소란하다

아내 눈물은 3

여울목을 건너다 물살에 빠져죽은
달빛의 혼이
들판에서 푸른 옷고름을 푼다

은은한 그 빛을 받아 마신 날이면
아내의 가슴이 더 크다

아름다운 것들을 죄다 가둬야 직성이 풀리는
욕심이 많은 여자

그러나 달빛의 혼은
품속에 오래 숨겨두지 못한다
전생을 사랑한 죄
자꾸만 눈물로 솟구쳐 올라
금빛 기억이나 추억을 지닐 수 없기 때문이다

그렇게라도 혼을 달래야 다음 생이 값지다 하니
밤마다 여울목에 나가
달빛과 마주할 수밖에 없다

가난과 슬픔
아픔의 껍질이 다 벗겨질 때까지
깊고 어둔 밤을 맷돌처럼 돌리고 갈고 있다

변강쇠타령

누구였을까 도무지 잠들지 못하게 하는
이토록 지독한 살 냄새를 남기고 떠난 그는

한없이 귀여운 보조개로 물결치다가
지리산 계곡 맑은 물로 출렁 넘치다가
제 안의 강줄기 모조리 풀어 젖히고
파란 풀밭에 잠들다가 그만 미쳐버린 여자

서방질할 때 입던 비단치마는
절간 어느 돌계단 밑에 감춰두고 갔는지

마을입구 장승 뒤에 숨겨두었다가
행랑방에 잠든 어느 건달을 덮어주고 갔는지

산중에 홀로 남는다는 사실이 못내 두려워
함께 묶이는 열망으로 퍼붓는 땀방울처럼
한껏 내질러보고 싶었던 욕망

새벽이 벗겨진 채로 진저리친다

어디선가 낯익은 땡추의 목탁소리
또 다른 재앙을 불러들이고
몸 깊숙이 녹슨 날을 세우는 천하대장군

갈증

간밤에 목이 말라
뒷마당 우물에 고인 달빛을 벌컥벌컥
바닥까지 마셨는데

사과 알처럼 불룩거리는 살덩이들

수천 년 전에 잠든 물고기의 화석
투망에 비늘 번뜩이고
은빛 날개 광란이 어둠을 난타한다

마중 나가는 어부의 굵은 팔뚝에
소금 꽃이 지천으로 피어나고

눈이 푸른 휘파람새 날아들어
어둠 속 나뭇가지에 꽁지를 내린다

이윽고 바닷속 둥근 해를
천천히 들어 올리는 파도소리
새벽빛 달아오른 알몸을 통째로 낚는다

코스모스 노을 속으로

내게서 첫 울음을 울고 간 그대
피 묻은 드레스가 노을처럼 붉다

누군가 말없이 그대 곁을 떠났듯이
그대 내 품을 떠나
어디서 혼자 묵상하고 있는지

차창 너머로 부르르 몸을 떨던 고추잠자리
깨지고 무수히 찢긴 날개의 푸른 파편은
아직도 내 몸속에 그대로 박혀 있다

내게 남겨진 상처가 사랑이라면
상처의 맨 안쪽을 깨무는 또 다른 상처

몇 번인가 더 노을이 묻어나고
이제는 기억할 수 없는 꿈결같이
내게서 아주 잊어졌으면 참 좋겠다

하늘거리는 그대
피 묻은 드레스가 노을보다 붉다

새벽에 핀 꽃이

펄럭이는 피와 근육들을 사정없이 눌러대는
블라우스의 끈
잘생긴 넝쿨손 하나가
스스럼없이 풀어내고 있다
움찔움찔 아픈 꿈을 꾸는지
부서지는 감각이 레몬처럼 향기롭다
맨발이 푹푹 빠지는 달 속을 거닐다가
목매 순교한 어느 토속 신앙인의 피가
푸른 잎으로 물결치고 있다
이제는 알 수 있다
새벽에 핀 꽃이 더 순결한 까닭을

초등학교 운동장에서

고삐 풀린 송아지처럼 마구 뛰놀던 운동장
얼굴이 하도 고와 뒤쫓아 다니던
순이의 팔팔한 머리칼 냄새가 생각난다
낡아 꿰맨 검정고무신을 두 손에 움켜쥐고
발이 푹푹 빠지는 풀섶을 거닐다가
숲 그늘에 새벽이 몰려오면
가슴 더불어 울렁이던 맑은 목소리
허리에 찬 보자기가방을 풀어놓고
쏟아지는 달빛 한 아름씩 받아마셨다
젖은 옷깃이 풀밭 가득 출렁일 때면
고스란히 내비치던 종소리의 파란 마음
수줍은 몸 숨겨줄 저 하늘임을 알기에
번번이 부딪치며 토해내던 뜨거운 노래
코스모스 꽃잎 위로 눈썹달이 뾰족하다
유난히 눈이 크고 머릿결 치렁치렁 흔들리던
예쁜 여선생님은 어디서 뉘와 함께 계신지
세상 일깨우던 빛과 소리 어디론가 사라지고
바구니에 별빛 주워 담던 까만 눈동자
굴렁쇠 벼랑 끝에 앉아 졸고 있다

잎사귀 하나가

오동나무 가지 사이에 지지 않는 달이 뜬다

달빛을 모아 산을 만드는 여인이 있다

내가 그 달빛을 타고 둥근 산에 오른다

불현듯 이마에서 후드득 땀방울이 떨어진다

피가 아닌 물의 힘으로 살아가고 싶은 생각이다

몸속 피를 빼내고 물 대신 나를 들어앉힌다

수분이 모자라 내 몸은 벌써 손발이 저리다

달빛 맨 꼭대기에 잠들면서 한 편의 시를 쓴다

노인정 평상에 잎사귀 하나 툭, 내려앉는다

산문

막 잠을 깬 산새 한 마리가 푸드덕
날개를 턴다

남루한 외투를 걸치고 천연덕스레 앉아있는
마치 성불한 스님 같다

놀라워라
마음이 일순 광배를 두른 듯 환해지고

도랑물에 발 담그면
송사리 떼들 검은 눈동자 깜박거리며
발가락 때를 빨아준다

4부

목어

푸른 잎맥으로 흐르는 물을 받아 마시고
감각이 새벽처럼 일어선다

뼈 마디마디에 아무도 들을 수 없는
금이 가는 소리
꽃망울 몇 개가 더 벌고
마음은 또 몇 번이나 갈기갈기 푸르다

끊어질 수 없는 찰나의 인연 때문이리라

허공에 매달려 있는 슬픈 눈동자
골짜기마다 어둠을 털어내고

아침이 오니 봉우리를 일으켜 세워
둥둥 쇠북에 맞춰 천상을 날아오른다

산수유나무

무너진 절집 안마당에서 기침소리 요란하다
겨우내 신열에 시달리다 토해낸 열꽃들
마른가지마다 우르르 돋아 앙증스럽다
투욱, 툭 터지는 소리는
겉 꽃 피우고 막 속 꽃을 피우는 울음이다
바람이 한순간 날갯짓을 떠는 벌 떼들
수천수만의 노란 물결이 일렁인다
자세히 안을 들여다보면
얼음이 얼어 그대로 햇빛에 눈부시다
향기 펴 올리는 뿌리는 자갈밭에 구불구불 뻗어
마치 고행하는 성자의 머리칼 같다
밭길이나 냇가 마을입구에 아무렇게 서 있지만
주인 없는 나무는 없다
노란 가방을 맨 아이들이 고샅을 뛰쳐나오고
강아지는 때도 없이 흔들리는 꽃 그림자를 쫓는다
문득 잃어버린 봄날이 생각난다
마당가 수도꼭지를 틀어놓고
오랫동안 물소리를 듣고서야 잠이 드는 밤
가슴에 도는 피가 결코 붉을 수가 없다
어느 누군들 봄날이 없었으리

상처투성이의 아픔을 간직하지 않은 자 있으리
울안 동백꽃이 울면서 스스로 목을 꺾고 있다
달려가 말을 걸면 눈물로 핀 꽃
그도 산수유 노란 꽃잎이 된다

바람개비

처음 마주하던 산등성이에 올라
너는 한껏 푸르다
달빛 긴 치맛자락을 휘어 감고
오랫동안 멈추지 못하는 너울거림
멀미의 진원지가 궁금하다
너를 돌리기 위해 세상거리를 내달리던 우리
어둠으로 던지는 혹독한 꿈을 펴보지도 않고
단순한 고통을 아픔이라 말할 수는 없다
때 아닌 폭설이 내리고
쌓인 눈 위로 꿈틀거리는 새벽
빗장 열고 삐걱거리는 뼈마디들의 외침은
네발로 기며 쏟아낸 불덩이
그때 벌어진 상처를 열고 숨어든
눈먼 짐승의 울음이다
큰소리로 우는 것은 진정한 울음이 아니다
보라 큰 가슴으로 부르짖을 때
질긴 핏줄이 목을 감아 핏발서는 돌개바람을
난해한 혀가 칼날을 세우고
신앙의 순교처럼 목이 잘려나간 인간들
쓰러진 채 머리칼을 풀풀 날리고 있다

그냥 지나치지 못하고 한참을 서있지만
몸져누운 세상의 저 많은 뼈들
이미 어둠 속으로 던져진 저들의 몸을
무슨 힘으로 일으켜 세울 것이냐
집이 없어 쉬지도 못하는 저들의 마음
무슨 수로 다독이고 안아줄 것이냐
채 못다 핀 꽃망울이 펑펑 터지고
주사자국이 닥지닥지 꽂혀있는 저 하늘
젖먹이를 등에 맨 젊은 아낙네의
허리가 꽃처럼 붉다

밭둑에서

밭두렁 이만치에 차마 지지 못한 꽃 이파리
풀려나오는 쏴아 바람소리 들립니다

바람은 하늘과 땅 사이를 분주히 오가며
보이지 않는 길을 온종일 쓸고 닦아도
땀 한 방울 흘리지 않습니다

꼭 여미고 감추어도 쉽게 드러나는 것은
호미자루에 박혀있는 그대로의 빗금들
숨어 몰래 지웠을 어머니의 눈물자국입니다

장맛비 개이고 이랑마다 핀 무지개
깨끗한 피 도는
굽은 등뼈마디에서 솟아난 꽃잎임을 압니다

꽃에서 꽃으로 생명을 전하는 저 맑은 향기

들꽃이라 이름 지어진 꽃잎 하나가
소리 없이 그 눈물 받아 삼키고 있었습니다

버들개지

표지가 파란 시집이다
간밤에 물소리가 읽고 간 추억 어린 시구의
남은 행간을 읽는다
촉촉한 대지의 젖꼭지를 문 맑은 눈동자는
바람이 다가와 살며시 입술만 대도
화들짝 놀라 부르르 몸을 떤다
그런데 이상하다 온몸에 문신을 새기고
햇살 말뚝이 긴장된 둔부를 수없이 찔러도
한 방울 출혈이 없다
투덜대던 그녀가 급기야 가슴을 풀고
파란색 책갈피를 꺼내든다
손가락으로 살짝 건드려보고 싶은 충동
도랑 넘치는 물소리 요란하다

가을 숲에서

숲을 나와 비틀걸음으로 걸어가는
절간의 낡은 종소리
노을 속으로 만장처럼 목을 푼다

바위를 바싹 끌어안은 푸른 소나무
틈새 깊이 내린 오랜 침묵을 깨고
솨, 풀어지는 파도소리
제 몸 후려치며 피 묻어나는 그리움이다

일체를 벗어던진 속세의 알몸을 껴안고
차라리 해와 함께 걷는 목마름이고 싶다

누군가를 사랑하고 누구와 헤어지는
먼 바다에서 들려오는 파도소리를
아무도 없는 가을 숲에서 만난다

해당화

전생에 무엇이 그토록 간절했던지
진홍의 눈빛마저 혼절해버리는 영혼이다
아무도 없는 여기서 한참이나 울었던 것은
꽃이 열매에게 제 자리를 내어줘야 할 때
바다에서 바다로 갈매기 속살에 짓이겨지면서
뒤척이는 그 파도를 헤엄쳐왔기 때문이다
모래밭을 좋아하는 버릇은 타고난 성질이다
모든 제 빛을 거두며 어두워지려 할 때는
꽃잎 속으로 얼비쳐드는 달빛과 몸을 섞는다
보라 몸 깊숙이 파고든 초록 눈망울
깊은 골짜기에 발자국 하나씩 찍어대고 있다
바람이 달려들어 몇 만결 껍질을 벗겨내도
마음은 숨은 채 꼼짝하지 않는다
하늘이 드디어 숨을 내쉬기 시작하고
빛나는 상처에서 솟아오른 향기
그러나 아름다운 자태를 다독여주는 이 없으니
끝내 지상에 내려놓을 수 없는 수줍은 나신
민감하게 오므리는 속살 발그레 피를 머금었다

허수아비

눈보라 속 숨차게 헤쳐 자갈밭을 구르는 바람소리
깨지고 금간 상처를 어루만지며
생의 안쪽에 지울 수없는 발자국을 찍는다
피 흘리는 육체를 얼룩 천으로 덮어 지우고
숨어 있는 잔설이 환히 얼굴을 내밀어
이랑마다 숨 쉬는 투명한 속살
사랑은 찬란한 축복이지만 지독한 형벌이다
나란히 하늘을 나눠 마시고
그대에게 나누어 줄 고통도 없이
내가 그대에게 바칠 아무런 아픔도 없이
이 해가 진다는 것은 참으로 서러운 일이다
눈멀어 사랑에 익숙하지 못한 자는
밤새 쏟아지는 달빛을 맞아볼 일이다
행여나 귀가 상한 자는
메마른 허리에 꽃 피울 봄날
선율의 부드러운 억양을 닮고
가슴 펼치는 싱그러운 소리를 배워볼 일이다
눈물이 가난한 자는 눈이 붓도록 울어볼 일이다
더는 지난날을 생각하지 마라
한번 피어난 꽃은 제가 진 자리를 돌아보지 않고

흘러간 강물은 제 얼굴을 기억하지 못한다
지은 죄보다 덮어 쓴 죄가 더 많은 세월이기에
그 목숨의 바닥은
이렇게 골 패이고 깊어지는데
어쩌다 파란 하늘을 보아버린 너와 나
저 들녘에 서면 무엇이 될까
지킬 수 없는 언약 때문에 스스로 헐벗은
내 몸은 이미 시퍼런 독이 시작되고
찢겨 나풀거리는 뼈의 눈동자
무너지는 강물 속으로 뒤틀리고 있다

일몰

펄펄 끓는 물에 풍덩 뛰어들면
내 몸은 몇 조각 뼈로 남을 것이다

보이는 것은
눈 감으면 더 장엄하게 보이는 것은
남은 뼈마저 말아 올린 파도

헤쳐 가는 바람에 부숴버린
아니 채 부수지 못한 그 무엇이 그대로 남아
불타는 구름을 찢고 나온
해의 투명한 속살

누가 이 상처를 그리움이라 했는가

보라 가슴마다 지느러미를 달고
어둠 속을 질러오는 물고기들의 푸른 함성

그러나 나 어쩌랴
사랑한 것이 죄가 되어
온전히 타지 못하는 몸으로 살아야 하는 것을

오늘밤 내 작은 눈가에 은하의 불빛이 터지고
견우와 직녀가 얼싸안을 것이다

타지 못하고 남은 몇 조각의 뼈
한 슬픔이 다른 슬픔에게 손을 주고

갈대밭에 오면

갈대밭에 오면 바람이 모여 산다

가슴 고스란히 내놓지만
보일 수 있는 진실만이 그 속내를 보이는 것인지
갈대는 말이 없다

왜 혼자만이 무거운 하늘을 이고 있는지

누가 새로 오고 누가 또 가는지
도무지 말이 없다

새들이 뜨면 세상이 가벼워질까

수군거리는 말소리는
난데없이 목울대가 툭 불거져 나오고
그 불거진 뼈를 안으로 깎아내는 바람소리다

갈대밭에 오면 누구나 바람이 된다

갑천에서

기억할 것이다 끊어질 듯 지워질 듯
우리 모두의 이름을 등에 업은 채
추운 계절을 어떻게 흘러왔는지
어둠이 물살을 들추어 달을 꺼내놓는다
남겨진 것은 다만 눈으로 흩날리고
밀려 떠내려가는 이 거역할 수 없는 함성
강바닥은 얼마나 소란스러울까
숨겨진 고통을 파내기 위해 낚시 바늘을 내린다
순간 부시게 환한 상처를 켜들고
발이 푸른 새들이 울음을 운다
바라보던 눈빛이 무딘 귀를 세우고
우리들 목젖에 달라붙어 꿈틀댄다
뼛속 깊숙이 파고들어
온몸을 저벅저벅 걸어 다닌다
억새밭에서 견디는 노숙의 잠이 슬프고
밤새도록 열에 시달린 그 새벽이 아프다

목련이 붉다

지난겨울 누가 떨어뜨리고 간 눈물방울
그 눈물이 죽어서 타고 남은 뼈 때문이다

비워서 비워지는 것은 아픔이 아니다
쓰러지고 싶어 쓰러지는 빛깔은 그림자가 없다

뒤척일 때마다 맨살이 드러나고
간간히 들리는 뼈마디가 삐걱거리는 소리는
품에 안아도 굴러다니는 누군가의 시샘 탓이다

몸속을 회오리치다 퍼득 떠오른 꽃잎들
붉게 젖은 가슴께로 옮아가고
한 생을 되찾는 오르가슴에 푸르르 떨며
새벽마다 발이 푹푹 빠지는 꿈을 꾼다

아내는 붉다 수시로 몸 열기를 재촉한다

봄날 강가에서

한낮을 보내면서 더 깊숙이 번지는 파문
굽이치며 솟아오르는 물살은
혼자서는 도무지 감당할 수 없는
힘겨움 때문이다

난데없이 날아든 물총새 한 마리
젊은 날 수탉같이 홰를 치는
시퍼런 그 시퍼런 물속에 긴 부리를 내려
자맥질을 즐긴다

곁에서 갈증을 풀지 못해 안달하는 바람
제 가슴뼈 으스러지게 껴안고
푸른 날개를 툭툭 턴다

물컹 드러나는 계절의 속살
살아서 서러운 맨 마지막 빛깔 때문일까

소리 죽여 울다가 목구멍 가득
피 쏟아내는 저 강물
차창 안으로 진달래 꽃잎처럼 붉다

풀꽃 널브러진 둑방 아래 아, 당신은
—박명용 시인 영전에

화급한 봄의 파편을 쪼고 지친 새들이 잠시 쉼표를 찍는 크고 작은 봉우리가 물결처럼 파도치는 사월 스무이렛날 바람 더불어 홀연히 떠나가신 당신은,

연초록 나뭇잎 사이로 얼굴 내밀고 반짝이는 하늘과 땅의 부신 햇살들 곱게 피는 아름다운 나라 아침마다 신비한 생명의 목소리 들리는 그 언덕 너머로 진달래 꽃비는 내리고 심장의 피가 더 붉게 뛰놀며 또 다른 삶을 위한 미로들이 투명하게 드러나면…

봄바람이 노곤하게 부는 풀꽃 널브러진 둑방 아래에 벌렁 누우신 아, 당신은.

● 해설 ●

상처받은 꽃말과 몸말의 소리

이재훈(시인)

랭보가 말한 '견자見者'는 시에서 중요한 문법의 상징어다. 시인은 사물의 이면을 새롭게 발견하는 발견자이다. 또한 시인은 견자의 시적 인식을 시인으로 갖추어야 할 중요한 덕목 중의 하나로 생각한다. 시인은 견자의 길로 가기 위해 예민한 감성적 촉수를 세계의 이곳저곳에 갖다댄다. 여기서 눈여겨볼 것은 사물이나 세계를 이전에 없던 완전한 창조의 공간이나 개체로 만들려는 게 견자의 의미가 가진 본분의 다는 아니라는 점이다. 완전한 창조보다는 있는 사물의 개념을 시인의 자의식이 협력하여 새로운 의미로 만들 때 그것이 바로 견자가 지향하는 의미일 것이다. 즉 시적 대상과 관계 맺는 자아의 태도와 감성적 특질의 새로움이 바로 견자의 내면적 의미일 것이다.

한문석은 사물들의 새로운 이면을 찾아내려는 견자의 시인이다. 한문석의 시는 사물들의 존재와 움직임, 소리를 오감으로 받아들여 삶의 지혜를 터득한다. 그가 관계 맺는 사물은 작고 이름 없는 꽃들과 벌레들, 무심코 지나치고 마는 자연현상들이다. 이러한 평범하면서도 우리가 주위에서 항상 접하는 사물들과 눈을 마주침으로써 시적 관계망을 형성한다. 평범한 일상 속에서 범속하지 않은 의미를 생산해내며 삶의 의미를 다시금 되새기게 한다. 즉 한문석의 시는 지나온 삶의 회환과 사연을 시적 대상을 통해 구체적인 관념으로 복원한다. 더군다나 작고 여린 존재가 가진 상처의 몸을 열고 들어가, 상처가 자아내는 몸짓과 말들을 듣는다. 그의 시는 작은 존재가 내는 상처의 소리에 귀를 기울여 만든 목소리이다. 그 소리가 내는 꽃의 말과 몸의 말을 온몸으로 받아들인다. 상처의 말들은 뼈들의 소리처럼 둔탁하고 건조하지만, 그 발라내어진 상처의 속살을 헤집는 시인의 눈과 감성은 촉촉하고 풍성하다.

날개를 펴고 푸드덕 날고 싶은 소망
장대 끝에서 물소리를 내고 바람소리가 된다
막 백일 지난 갓난애에게 젖을 물리다 말고
사립문을 뛰쳐나온 갓 스물 새댁
다시는 아프지 않으리라 다짐했던 기억의
가슴 한쪽이 또 우지끈 무너진다
찢기고 부러진 무수한 삭정이들의 잔해를 위해
마을을 한 바퀴 빙 돈다
눈 들어 멀리 산을 넘고 들을 달린다

그날의 모갑某甲이 패들이 이곳을 지나고
달빛이 울음을 쏟아낼 때면
더욱 낮아지던 날개의 겸손한 자세
삶의 질곡에 따라 밝아지고 어두워지는
수만 개의 빛을 뿌린다
새로운 세계로 나가고 싶은 간절함이 피워낸
수만 개의 소리를 듣는다
소리와 빛은 언제나 마음 안에 있는 것이려니
굳게 다문 입술이 필사적이다

—「솟대」 전문

위의 시는 솟대를 통해 비상의 욕망을 환기하고 있다. 이 욕망은 솟대가 가진 의미의 차원으로 환원되는 것이 아니라 우리들 주변 삶의 세목들을 통해 더 넓은 지평으로 은유한다. "갓스물 새댁"이 체험한 운명적 체험은 "찢기고 부러진 무수한 삭정이"처럼 솟대 주변에 널브러져 있는 것이다. '날개'는 솟대가 표상하는 정점의 지점을 더 넓은 공간으로 확장시키는 역할을 한다. 주목할 점은 이 '날개'에 시인이 품은 삶의 가치가 함유되어 있다는 점이다. 날개는 더욱 낮아지는 겸손함을 가지고 있다. 겸손함의 자세는 삶의 질곡을 유유히 극복할 수 있는 동력이다. 또한 "수만 개의 소리를" 들을 수 있는 귀를 가지게 된다. 이 모든 것들은 마음 안에서 비롯된다. 이러한 마음이 가진 힘을 시인은 "굳게 다문 입술"을 통해 보여준다.

입술의 이미지를 굳이 '필사적'이라고 한 까닭은 그만큼 시인의 의지가 명징하다는 것을 증명하기 위해서이다. 솟대는 원래 민속신앙에서 새해의 풍년을 기원하며 세우거나 마을 입구에 마을의 수호신의 상징으로 세운 긴 나무 장대를 말한다. 즉 솟대는 소망의 의미가 강한 상징물이다. 위의 시에서도 시인이 지향하고자 하는 세계의 지점을 솟대의 상징을 통해 말해주고 있다.

저것 봐라 희미한 어둠을 움직이고 있는
작은 목숨들의 놀라운 힘
가슴이 숨차 커졌다 줄어든다
누가 내 안에 푸른 신전을 짓고
비단침대 위에 새살림을 차렸느냐
살랑살랑 머리를 흔들며 걸어 나가는 발
젖은 발의 그 뜨거운 울림을 보았느냐
새벽이 눈뜰 때까지 떠도는 바람
타다 남은 내 늑골 사이에 핀
송이송이 흩날리는 바람꽃을 보았느냐
온몸에 매달려있는 애착과 욕망의
부푼 때 한 꺼풀을 벗는다
가장 낮은 곳에 순하게 스며들어
강한 뿌리의 힘으로 살아가는 것이려니
내 숨결 온전히 받아줄 수 있는
저것들 착한 몸으로 돌아가는 것이려니
사각사각 베어 먹은 잎들의 초록 비명

눈먼 내 귀가 소란스럽다

—「누에」 전문

누에는 작고 여린 존재이다. 또한 느린 존재이다. 있는 듯 없는 듯 움직이는 누에의 꿈틀거림은 아름다운 실을 만든다. 누에가 서로의 몸을 뒤엉켜 만들어내는 삶의 과정은 흡사 우리의 인생과도 닮아 있다. 그것을 시인은 "작은 목숨들의 놀라운 힘"이라고 하였다. 「누에」라는 시는 '누에'가 운명적으로 지닌 몸의 특성을 기반으로 삶의 지혜에 빗댄다. 시 곳곳에 지혜의 언어가 새알처럼 고스란히 모여 있다. 누에는 어둠 속에서도 희미하게 조용히 움직인다. 그 움직임을 보려면 누에가 움직이는 몸의 속도에 맞추어야 한다. 시인의 시선은 천천히, 누에가 일으키는 느린 보폭을 따라가고 있다. 그러면 작고 느리게 꿈틀거리는 누에가 실상은 정력적으로 자신의 삶을 지탱해나간다는 걸 확인할 수 있다. 시인은 누에의 보폭을 "살랑살랑 머리를 흔들며 걸어 나가는 발"이라고 하면서 그 "젖은 발"을 "뜨거운 울림"이라고 한다.

존재를 지탱해가는 몸의 움직임처럼 뜨거운 것이 어디 있을까. 시인은 누에의 움직임을 통해 자신의 몸속에 저장되어 있는 "애착과 욕망"을 본다. 그리고 누에의 삶을 통해 우리 삶의 지향점을 제시한다. "가장 낮은 곳에 순하게 스며들어/강한 뿌리의 힘으로 살아가는 것"이 일상인들이 겪어가야 할 인생인 것이다. 시인은 이로써 끝나지 않는다. 누에의 느린 움직임 속에는 "사각사각 베어 먹은" 소리가 함께 존재하는 것이다. 눈으로 본 대상의 이면 속에 '비명'이라고 느낄 수 있는 삶의 치열함이 공존해 있다. 그렇기에 시인의 귀는 소란스러운 것이다.

눈먼 화공이 밤새워 그려놓은 수채화 한 폭
가슴 탁 트이는 호숫가 어디쯤
조용히 살고 싶은 영혼의 꽃잎이다
처음 만난 숲 속 외진 산책길에서
어쩌다가 살짝 옷깃을 스친 것도 같은데
지나간 발자국에도 향기가 묻어나는 것일까
어둠의 빛이 구부러진 허리를 감싸고
치마폭을 들추어 달을 꺼내놓는다
굽이굽이 휘어지며 무너지는 강물
배란기를 놓친 물고기들의 반란이 시작되고
늑골을 파고드는 아가미의 비명소리
꽃잎 자궁이 온통 새벽을 앓는다
터진 단추 구멍을 애써 숨기지 마라
태어나면서 이미 누군가에 압류당한 몸이다
떠나간 사람들의 사연을 가슴에 품은 채
울음을 재촉하고 있는 빨간 우체통
어디론가 또 다른 사람을 찾아나서야 하나
꽃 진 자리에 옮겨 다니는 새소리 슬프고
몸 빠져나가는 물소리가 아프다
강물이 천천히 색소폰 소리를 타고 흐른다

—「허리가 구부러진 배롱나무」 전문

시인은 누에의 몸처럼 "조용히 살고 싶은 영혼의 꽃잎"을 배롱나무를 통해 엿본다. 배롱나무를 둘러싸고 있는 호숫가에는 온갖 생명이 꿈틀거리는 소리를 들을 수 있다. "어둠의 빛"은 "달을 꺼내 놓고" 강물은 "굽이굽이 휘어"진다. "배란기를 놓친 물고기들"은 반란을 하고, "꽃잎 자궁"은 새벽을 맞이한다. 배롱나무는 허리가 구부러져 있다. 구부린 허리로 "울음을 재촉하고 있는 빨간 우체통"을 보고 "꽃 진 자리에 옮겨 다니는 새소리"를 듣는다. 이러한 모든 움직임과 소리를 통해 "태어나면서 이미 누군가에 압류당한 몸"을 몸소 체험한다.

이렇듯 한문석의 시에서는 작고 여린 존재들이 빚어내는 일상들이 곳곳에 스며있다. 그 일상은 흡사 우리네 평범한 삶의 모습과 닮아 있다. 한문석의 시에서는 인간 세속의 삶과 자연의 삶을 동일시함으로써 자연이 가진 가치와 유연함을 교훈으로 삼는다.

얼마만큼의 아픔을 견뎌냈을까
피부가 가을빛보다 붉다
안으로 가득 채워진 단물은
여름내 고인 눈물이다
세상에 단 한 번도 내보이지 않고 익은
수줍은 속살이다
햇살 찬연하게 부푼 가지에서
누군가를 읽고 있는 소리
맑고 깊은 소리

—「능금」 전문

능금을 보는 시인의 시선에서도 마찬가지이다. 시인은 붉은 능금을 그냥 아름답게만 보지 않는다. 오랜 시간 햇볕을 받아 자신의 몸을 치장한 능금의 피부를 삶의 고통과 견주어 본다. 즉 능금은 인고의 세월을 통해 아픔을 겪고 난 후의 결과물인 것이다. 능금의 안쪽 열매는 "여름내 고인 눈물"이며 "세상에 단 한 번도 내보이지 않고 익은/수줍은 속살이다". 이 속살은 상처의 즙과도 같다. 자신의 상처는 쉽게 타인들에게 보여주지 않는 법이다. 세상 밖으로 보여주지 않고 스스로 감내하여 이룩한 열매는 아름다운 것이다. 그 능금에게 가 닿는 시인의 시선은 능금을 읽고 있는 소리를 낸다. 능금의 상처를 한순간에 읽어버린 소리는 "맑고 깊은 소리"일 수밖에 없다.

색깔이 희끗한 몸에 칼을 댄다

순간 깊은 안쪽에서 민감하게 밀어닥치는 열꽃
꽃잎을 디딘 발이 몹시 뜨겁다

세상에 살아있는 모든 것들의 몸속은
누구나 뜨겁게 녹아있는 것일까
삶이 이처럼 뜨거운 그 무엇이었다는 것일까
이처럼 뜨겁게 진저리치며 살아야 한다는 것일까

쫓겨 내몰린 것들을 껴안고 울어본 이는 알 것이다
떨어져 나간 자리에 아물지 못하는 상처
머리도 가슴도 녹아내린 투명한 눈물자위를

목숨 바쳐서 피워낸 사랑이라니
빛나는 생명이라니

—「감자」 전문

능금의 피부와 속살을 읽어 낸 시인은 감자의 속살로 시선을 옮겨간다. 감자의 속살은 뜨겁다. 맨 먼저 만나는 것은 "밀어닥치는 열꽃"이다. 열꽃을 디딘 발은 몹시 뜨겁다. 시인은 감자의 속이 뜨거운 것처럼 "세상에 살아 있는 모든 것들의 몸속은/누구나 뜨겁게 녹아 있는 것일까"라고 자문한다. 이 자문은 삶의 뜨거움과 상통하는 물음이다. 시인은 "내몰린 것들을 껴안고 울어본" 자이다. "아물지 못하는 상처" 때문에 "머리도 가슴도 녹아내린 투명한 눈물자위"를 아는 이가 바로 시인이다. 사랑은 몸속의 뜨거움을 거름으로 만든 빛나는 말이다. 빛나는 생명의 말이다.

한문석은 이번 시집의 많은 시편들에서 '꽃'을 사유하고 이를 인간의 삶과 존재에 빗대어 표현하고 있다. 시인은 꽃들이 가진 개별성을 존중하면서 그 꽃이 개성으로 갖고 있는 몸의 말을 만들어낸다. 「영산홍」에서는 "바람 소란한 허공에서 폭발하는/붉은 입술"을 바라보며 "꽃잎들의 숨 막히는 반란"을 지켜본다. 꽃이 일으키는 반란은 재로 남은 가슴뼈를 일으켜 "벌

거벗은 목숨"을 날것으로 피워 올리는 일이다. 「벚꽃」에서 '벚꽃' 은 "왁자지껄 만발한 몸"을 가지고 있다. 벚꽃의 몸은 소란스러운 몸이다. "첨벙첨벙 물장구치는 소리 요란한" 몸이며 "수줍음도 모르는 폭발적인 벌 떼"이다.

'나팔꽃' 은 어떠한가. "어둠과 빛이 함께 연주하는 소리들의 화음"(「나팔꽃 피는 사연」)을 통해 보랏빛 향기 은은한 나팔꽃을 피운다. '봉숭아' 는 "서로를 부둥켜안고 뒹구는 착한 몸들"(「봉숭아」)이다. 서로의 몸끼리 향기를 불어 넣어 "사랑은 결코 혼자서 싹트지 못한다"는 것을 몸소 보여준다. '산수유나무' 는 "겨우내 신열에 시달리다 토해낸 열꽃들"(「산수유나무」)이다. 또한 나무의 뿌리는 "자갈밭에 구불구불 뻗어/마치 고행하는 성자의 머리칼" 같다. 해당화는 "진홍의 눈빛마저 혼절해버리는 영혼"이다. 해당화의 향기는 "빛나는 상처에서 솟아" 오른다. 상처 속에서 길어 올린 향기를 품은 꽃의 속살은 "발그레 피를 머금"고 있다.

새벽마다 즐거운 폭죽이 터지고
가슴속 고이는 눈물은
고요가 깊어 다 채울 수 없다

풀잎 위를 구르는 이슬을 보라
작은 공기방울로 허공을 떠돌면서 부딪쳐
깨지고 금간 상처에서 솟아난 눈물방울이다

사랑하기에 그 불후의 약속을 지키기 위해
서둘러 스스럼없이 벗어던진
처음의 속옷처럼
태어나면서 이미 소멸하기 시작한 생명의
근원적 고독이다

고독이 소멸하는 순간이 이토록 아름답다

늘상 빗나가는 생각의 아둔한 감각 때문일까
바이러스에 감염된 내가 열병을 앓는다

—「아내 눈물은 1」 전문

꽃의 몸을 통해 깨달은 생의 지혜는 아내의 눈물을 통해 더욱 깊어진다. 시집에서 아내의 눈물에 대한 근원적 감정의 소회를 다룬 연작이 세 편이나 된다는 사실은 주목할 만하다. 아내는 가장 가까이에 존재하면서도 평소에는 그 의미가 크게 부각되지 않는 존재이다. 가장 가까이에 있는 아내의 눈물은 "고요가 깊어 다 채울 수 없는" 이슬과도 같다. '사랑' 이라는 낱말 하나로 "서둘러 스스럼없이 벗어던진 처음의 속옷처럼" 아내의 눈물은 '근원적 고독' 이다. 물론 고독의 씨앗은 사랑이라는 이름으로 모든 걸 버리고, 사랑을 대물림한 남편의 생애 속에서 발아하였을 것이다. 하지만 고독으로 남겨두진 않는다. 고독이 소멸하는 순간이 아름답다는 것을 시인은 알기 때문이다.

단순한 고통을 아픔이라 말할 수는 없다
때 아닌 폭설이 내리고
쌓인 눈 위로 꿈틀거리는 새벽
빗장 열고 삐걱거리는 뼈마디들의 외침은
네발로 기며 쏟아낸 불덩이
그때 벌어진 상처를 열고 숨어든
눈먼 짐승의 울음이다
큰소리로 우는 것은 진정한 울음이 아니다
보라 큰 가슴으로 부르짖을 때
질긴 핏줄이 목을 감아 핏발서는 돌개바람을
난해한 혀가 칼날을 세우고
신앙의 순교처럼 목이 잘려나간 인간들
쓰러진 채 머리칼을 풀풀 날리고 있다
그냥 지나치지 못하고 한참을 서있지만
몸져누운 세상의 저 많은 뼈들
이미 어둠 속으로 던져진 저들의 몸을
무슨 힘으로 일으켜 세울 것이냐
집이 없어 쉬지도 못하는 저들의 마음
무슨 수로 다독이고 안아줄 것이냐
채 못다 핀 꽃망울이 펑펑 터지고
주사자국이 닥지닥지 꽂혀있는 저 하늘
젖먹이를 등에 맨 젊은 아낙네의
허리가 꽃처럼 붉다

—「바람개비」 부분

시인은 상처를 극복하는 방식의 하나로 이번 시집을 채웠다. 이미 "단순한 고통을 아픔이라 말할 수" 없다고 시인은 단언한다. 시인은 몸속에서 덜그럭대며 울리는 "뼈마디의 외침"에 청력을 쏟아내었다. 뼈들의 외침은 "불덩이"이며 "벌어진 상처를 열고 숨어든/눈먼 짐승의 울음"이다. 자신의 목을 돌려 존재를 증명하는 게 바람개비이다. 이처럼 "세상의 저 많은 뼈들"도 자신의 존재를 증명하기 위해 몸져누워 있다. 시인은 몸져누운 몸을 어떻게 해야 할까 걱정한다. "무슨 힘으로 일으켜 세울 것"이며 "무슨 수로 다독이고 안아줄 것"이냐고 골몰한다. 시인은 바람개비처럼 바람에게 온전히 몸을 맡긴다. 온전히 맡긴 몸이 가진 언어는 두려울 게 없다. 그러므로 바람개비의 몸은 "신앙의 순교처럼 목이 잘려나간 인간들"의 몸과 다를 게 없는 것이다. 바람개비는 희생을 통해 순교의 정신을 증언하는 대리적 존재물이다. 시인은 바람개비를 통해 자신의 신념을 표출하고 있다.

"젖먹이를 등에 맨 젊은 아낙네의 허리"는 시집 앞부분에 실려 있는 시 「솟대」에서 아프지 않으리라 다짐했던 갓 스물 새댁의 허리와도 같다. 만개한 꽃잎이 하늘로 날려 비상하는 것처럼, 꽃의 생애도, 젊은 아낙네의 생애도, 우리의 생애도 비상할 것이다.

한문석의 시는 상처받은 몸들에 대한 처연한 연가이다. 채 못다 핀 꽃망울이 터지는 울음을 온몸으로 듣고, 그 존재의 몸속을 직접 들어가 상처의 무게를 가늠한다. 그리고 상처가 스스로 아물어서 세상 밖으로 날려가도록 아주 느린 속도로 바라

본다. 그것을 통해 정화되는 치유의 감각은 지혜의 언어를 통해 표출된다. 이 지혜의 언어는 결국 사랑의 큰 품으로 가기 위한 꽃말은 아닐까. 앞으로도 이러한 지혜의 말이 더욱 풍성해지고 깊어져 비상하기를 바라본다.

문학의전당 시인선 51
바람개비

초판인쇄 2008년 7월 20일
초판발행 2008년 7월 25일

지 은 이 한문석
펴 낸 이 김충규
펴 낸 곳 문학의전당
출판등록 제387-2003-00048호(2003년 9월 8일)

주 소 152-841 서울특별시 구로구 구로6동 97-1 로얄프라자 206호
전화번호 02-852-1977
팩시밀리 02-852-1978
블 로 그 http://blog.naver.com/mhjd2003
전자우편 mhjd2003@naver.com

I S B N 978-89-91006-92-8 03810